# Japanische Mythologie für Einsteiger

## Entdecken Sie die spannenden und geheimnisvollen Mythen und Sagen Japans

## Maria Kulat

# INHALT

# Der Anfang einer kleinen Reise

Mythologien und Sagen faszinieren seit jeher die Menschheit. Es gibt keine Epoche, in der keine erzählt wurden oder neu hinzukamen. Doch das Erstaunlichste hierbei ist, dass jede Kultur, jedes Land und jeder Stamm seine eigenen Mythologien und Sagen erzählt. Diese Geschichten erzählen von der Erschaffung der Erde, von dem Ursprung der Menschheit und all den Dingen, die man nicht wissen kann. Es gibt etliche Bereiche, die von ihnen abgedeckt werden. Auch in der japanischen Kultur gibt es eine Menge an sagenhaften Geschichten, die teilweise bis heute noch einen festen Bestandteil des Glaubens und der Lebensweise sind. In diesem Buch nehme ich Sie auf eine kleine Reise mit. Eine Reise, die Ihnen die Kultur Japans verständlicher machen wird. Eine Reise, die Ihnen ein anderes Weltbild zeigt. Ein Weltbild, das Ihnen sehr ungewohnt vorkommen wird und trotzdem sehr vielseitig ist.

# Mythen und Sagen

## DEFINITIONEN

Um zu verstehen, was überhaupt unter die Begriffe Mythen und Sage fällt, müssen wir uns zunächst ein Bild davonmachen, was damit überhaupt gemeint ist. Es gibt die eine oder die andere Definition, eine komplizierter und komplexer als die andere. Ich versuche aber mal, diese Ansätze auf das herunterzubrechen, was wir unter den Begriffen grundlegend verstehen. Zunächst einmal ein Begriff, der eng mit dem Wort Mythos verbunden ist. Mythologie wird von dem griechischen Wort Mythos abgeleitet, das übersetzt so viel heißt wie Rede oder Erzählung. Mit dem Zusatz -logie wird ein Wort versehen, sobald man die Forschung bzw. die Lehre hierzu meint. Ein Mythos ist eine Erzählung, in der es um Götter geht, die Entstehung der Welt oder das Erschaffen der Menschheit.

Sagen sind hingegen zwar ebenfalls mündlich weitererzählte Geschichten, jedoch Geschichten, die aus dem Volk heraus entstehen und von tatsächlichen Orten, Personen oder wahren Begebenheiten sprechen. Diese werden bei Sagen lediglich sehr ausgeschmückt. Unterarten, wie z. B. die Volkssage, verknüpfen sich sehr gut mit einem Mythos. Meist wird von einem bestimmten und bekannten Handlungsort erzählt, an dem sich dann Naturgeister oder Dämonen aufhalten, die in irgendeiner Weise in Erscheinung getreten sind oder etwas Signifikantes getan haben.

Dieses Buch wird sich also mit Geschichten befassen, die uns zumeist in die Vergangenheit versetzen und uns ein Weltbild skizzieren. Einige werden etwas fantasiereicher sein als die anderen. Ich hoffe, Ihnen durch die Auswahl ein gutes Bild davon zu geben, welche Arten von Geschichten es in Japan gibt.

## GELÄUFIGE MYTHEN UND BESONDERE MERKMALE

Von Grimms Märchen bis hin zu den Göttersagen aus dem alten Griechenland bezeichnen wir vieles als

Mythen oder Sagen. Die große Gemeinsamkeit aller ist, dass diese erdachten Geschichten zunächst mündlich überliefert wurden. Es weiß auch niemand, wer diese Geschichten erfunden hat.

Wir kommen mit Mythen und Sagen häufig, manchmal auch gar nicht bewusst in Kontakt, sei es durch religiöse Bezüge oder einfache Redewendungen und Floskeln. Sie haben sich oftmals unbemerkt in unser Leben eingefädelt. Der Grund ist so einfach wie komplex – Mythen und Sagen beeinflussen, seit es sie gibt, unser Weltbild und damit die Art, wie wir über einige Dinge und Situationen denken.

Je weiter auseinander die Kulturen sind, wie in diesem Beispiel Deutschland zu Japan, merkt man, dass Kulturen mit anderen Mythen und Sagen ein anderes Weltbild entwickeln. Daher ist es wichtig, offen zu sein für die Geschichten anderer Kulturen. Man muss sie nicht glauben und auch nicht für sich annehmen, aber man sollte sie zu verstehen versuchen. Je eher einem das gelingt, desto eher kann man Menschen anderer Kulturen verstehen und ein harmonisches Miteinander schaffen.

# Mythologie & die japanische Kultur

## ENTSTEHUNG DER MYTHEN UND SAGEN IN JAPAN

**W**ie in jeder Kultur und Bevölkerungsgruppe sind Mythen schon vor ihrer Aufzeichnung in der Gesellschaft mündlich weitergegeben worden. Die ersten und umfangreichsten Aufzeichnungen gab es jedoch ab 712.

Im Jahre 712 wurde das Kojiki von O no Yasumaro, einem Schriftgelehrten bei Hofe, niedergeschrieben. Es ist die erste Aufzeichnung der Mythen Japans und damit die erste Quelle für die Geschichte Japans. O no Yasumaro war jedoch nicht der Verfasser der Texte. Die Texte wurden ihm von Hieda no Are diktiert, wobei man nicht weiß, ob es sich bei der Person um eine männliche oder weibliche Person handelt.

In Auftrag gegeben hat das Kojiki Kaiser Tenmu Ende des 7. Jahrhunderts. Er verfolgte einen für den Kaiserhof sehr wichtigen Gedanken. Die Legitimation der Kaiserfamilie war in Gefahr und bröckelte. Viele Niederschriften und „Beweise", die die direkte Abstammung von Göttern nachwiesen, waren verloren und er wollte mit Kojiki ein umfassendes Werk erstellen, welches seine Macht sichern würde und auch zukünftig die Macht der Kaiserfamilie. Verantwortlich für die Vollendung des Kojiki war die Kaiserin Gemmei. Fertiggestellt wurde das Kojiki in Nara.

Die Texte umfassen die Entstehungsgeschichte (Entstehung Japans, Urgötter, Izanagi und Izanami), Geschichten über die Kinder der Urgötter und Götter (u. a. Amaterasu und Susanoo) und auch die Entstehung der Kaiserfamilie (Abstieg Ninigis auf die Erde) bis zum Zeitalter der Kaiserin Suiko (554–628). Ähnlich wie viele bedeutende Schriftstücke ist auch dieses in einige Teile aufgeteilt: in den ersten Teil, Kamitsumaki („obere Rolle"), den zweiten Teil, Nakatsumaki („mittlere Rolle") und den dritten Teil, Shimotsumaki („untere Rolle"). Im ersten Teil wird der ganze Komplex rund um die Entstehungsgeschichte und die Götter erzählt. Der zweite Teil befasst sich mit dem ersten Kaiser Japans, Jinmu Tenno. Der dritte Teil handelt dann von weiteren Kaisergeschichten und endet mit den Geschichten des 33. Kaisers. Leider gibt es keine Originalexemplare mehr; das älteste Exemplar ist aus dem 14. Jahrhundert.

Das zweitälteste Geschichtswerk Japans ist das Nihon shoki, welches im Jahr 720 fertiggestellt worden ist. Prinz Toneri, der 5. Kronprinz des Tenmu Tenno, hat dies in Auftrag gegeben und mithilfe von O no Yasumaro zusammengestellt. Im Gegensatz zu dem Kojiki beinhaltet das Nihon shoki viel mehr Details und auch mehr religiösen Input, was das Werk sehr wertvoll für die Religionsgeschichte Japans macht.

In 30 Kapiteln erzählt das Nihon shoki die Geschichte Japans von der Entstehung der Welt bis hin ins Jahr 697. Es endet mit dem Kaiser Jito Tenno. Eine Besonderheit gibt es wohl, denn in Kapitel vier werden nur acht Kaiser benannt, die undokumentiert bleiben. Von ihnen sind lediglich Geburts- und Regierungsdatum, das Jahr der Ernennung zum Kronprinzen und der Ort des Grabmals bekannt. Das Kojiki wurde lange Zeit als nicht gleichwertig zum Nihon shoki gesehen. Durch die Ausführlichkeit wurde das Nihon shoki als wichtiger empfunden. Erst durch den Gelehrten

Motoori Norinaga, der sich dem Kojiki widmete und der die urtümliche Sprache dessen hervorhob, wurde das Kojiki als das angesehen, was es bis heute ist: die erste Quelle japanischer Geschichte. Sie wird heute als ebenso wichtig empfunden wie das Nihon shoki.

Beide Quellen zusammengenommen nennt man Kiki.

## EINFLUSS AUF DIE HEUTIGE JAPANISCHE KULTUR

Die heutige japanische Kultur und Denkweise der Japaner werden durch diese Geschichten in enormer Weise geprägt. So erschließen sich für Außenstehende Zusammenhänge erst, wenn sie mit den Sagen in Berührung gekommen sind. Besonders religiöse Zusammenhänge fallen hierbei auf. Viele Rituale bauen auf die Kiki auf. Durch die Shintoreligion, die im Gegensatz zu den meisten westlichen Religionen polytheistischer Natur ist, haben die Japaner auch eine ganze Reihe von Göttersagen, ähnlich, wie man es aus den Geschichten rund um Zeus kennt. Daher ist ein, wenn auch nur kleiner Einblick in die Sagenwelt der Japaner, Gold wert, weil man viele Dinge eher verstehen wird.

Hierbei streckt sich das Verständnis nicht nur auf

die Religion oder Lebensweise aus, nein, auch Unterhaltungsmedien greifen oft auf verschiedene Mythen und Sagen zurück und verarbeiten diese. Teilweise sind schon Kinderserien mit diesen Mythen und Sagen verknüpft und enthalten für den japanischen Nachwuchs viele Informationen.

Darüber hinaus muss man im Vergleich zu unseren westlichen Schriften, wie der Bibel, dem Koran oder der Thora sagen, dass die Kiki niemals einen Verhaltenskodex beinhaltet haben. Sie sind viel mehr Geschichten und verbale Bilder.

# Wie ist Japan entstanden?

## DER „HIMMEL"

Zunächst wird in den Kiki in der Schöpfungsgeschichte mit der Bildung der Götter begonnen.

Als das Land noch frisch und wie schwimmendes Öl war, entstanden die ersten fünf Gottheiten. Amen o Minakanushi no Kami („Herr der hehren Mitte des Himmels"), Takamimusubi no Kami („Hoher hehrer Erzeuger") und Kamimusubi no Kami („Göttlicher Erzeuger") waren bekannt dafür, unsichtbar und die ersten drei Gottheiten zu sein, die man „drei Kami der Schöpfung" (Kami ist japanisch und heißt Gott bzw. Götter.) nennt. Aus einem Schilf-Sprössling bildeten sich sodann weitere sieben Generationen von Göttern. Darunter in der letzten siebten Generation das Geschwisterpaar Izanagi („einladender Herr") und Izanami ("einladendes Weib"). Die fünf ersten und die sieben Generationen danach werden als „Urgötter" bezeichnet.

## ENTSTEHUNGSGESCHICHTE – IZANAGI UND IZANAMI

Während die meisten von uns die Entstehungsgeschichte der Welt in Verbindung mit Adam und Eva sehen, bringen die Japaner diese in Verbindung mit Izanagi no Mikoto und Izanami.no Mikoto. Die Entstehungsgeschichte rund um Izanagi und Izanami bildet sowohl in Kojiki als auch in Nihon shoki den Beginn aller überlieferten Geschichten.

Der große Unterschied zu den westlichen Religionen, liegt in dem, dass Izanagi und Izanami beides Urgötter sind. Der Kojiki geht nicht davon aus, dass ein Gott die Erde, Tiere, Natur und die Menschen erschaffen hat. Viel mehr wird nicht konkret erzählt, wie die Welt entstanden ist, lediglich von einem Himmel ist die Rede und einem Götterreich und dass der Beginn von allem eher einem Zustand einer umhertreibenden

Qualle ähnelte. Dort wurde ein Gott nach dem anderen geboren, bis Izanagi und Izanami als Geschwister zur Welt kamen.

Sie erhielten sodann den Auftrag von den Göttern des Takamagahara („Die Ebene des hohen Himmels"), ein neues Land zu erschaffen. Hierfür erhielten sie einen Juwelen-Speer, der ihnen als Legitimierung der Aufgabe dienlich war.

Izanagi und Izanami betrachteten von einer schwebenden Brücke im Himmel („Ama-no-uki-hashi") das Meer und tauchten den Speer hinein. Als sie den Sperr wieder rauszogen, formte sich aus dem Tropfen, der vom Speer abperlte, eine Insel, Onogoro („Rückgrat des vom Schlammtalent eroberten Gebiets"). Es gibt einige Interpretationen, die das als Bild für den „Geschlechtsakt" von Izanagi und Izanami sehen, das Kojiki geht darauf nie ein. Beide stiegen zu dieser Insel herab, um ihrem Auftrag nachzugehen.

Zunächst errichteten sie einen Himmelspfeiler (oder Himmelssäule), die die Erde mit dem Himmel verbindet, und eine große Halle. Nachdem dies errichtet worden war, wollten beide heiraten. Das Ritual sah vor, dass beide einmal um die Himmelssäule in der Mitte der Insel herumliefen. Einer der beiden müsste linksherum und der andere rechtsherum laufen. Wenn sie sich in der Mitte treffen, sollten sie den anderen „einladen".

In vielen Deutungen wird unter dem „Einladen" das Einladen zum sexuellen Akt erkannt. Bei dem ersten Hochzeitsritual lud Izanami Izanagi zuerst ein. Nachdem das Ritual vorbei war und die beiden Kinder bekommen wollten, war das erste Kind (Hiruko, „Blutegel-Kind") missgebildet. Enttäuscht darüber, setzten sie das Kind in ein Boot und ließen es davon treiben. Als sie daraufhin den Gottheiten im Himmel berichtet hatten, was geschehen war, fanden sie heraus, dass sie bei ihrer Hochzeit das Ritual falsch durchgeführt hatten. Izanami durfte Izanagi nicht zuerst ansprechen und einladen. Kurz darauf wiederholten sie die Hochzeitszeremonie, in der Izanagi nun Izanami zuerst einlud. Sie probierten es erneut und hatten Erfolg. Sie erschufen acht weitere Inseln: Awaji, Shikoku, Oki, Kyushu, Iki, Tsushima, Sado und Honshu. So begann die Entstehung Japans.

## WAS GESCHAH DANACH ...

Doch hier hörte die Geschichte nicht auf, denn zahlreiche weitere Götter wurden von den beiden erschaffen. Bei der Geburt von Kagutsuchi, dem Feuergott, verbrannte sich Izanami ihre inneren Geschlechtsorgane lebensgefährlich. Diese Verbrennungen führten sehr schnell zum sofortigen Tod und aus Wut und Trauer brachte Izanagi Kagutsuchi um, indem er ihm den Kopf abschlug. Aus seinem leblosen Körper und dessen Blut entstanden weitere Götter.

Derweil begab sich Izanagi nach Yomi, in die Unterwelt, um seine Frau wieder zurückzuholen. Als er den großen Felsen zur Seite schob, der den Weg zu Yomi versperrte, gelangte er kurz darauf in eine Kammer, in der er seine Frau traf. Er bat sie, wieder mit ihm zurückzukommen und weiter an dem Entstehungsprozess der Welt mit ihm zu arbeiten.

Dies war jedoch bereits unmöglich geworden, da sie bereits von den Speisen der Unterwelt gegessen hatte. Izanami sagte Izanagi, dass sie die Götter der Unterwelt um eine Ausnahme bitten wollen würde, dafür müsste Izanagi jedoch vor der Tür der Kammer warten, in der er sie gefunden hatte, und sie verbat ihrem Mann, sie anzusehen. Dennoch konnte er nicht anders und blickte in ihr Gesicht. Er entdeckte dabei nur die grausig verrottete Gestalt seiner Frau. Izanami war so erzürnt und verletzt über das Verhalten ihres Mannes, der sich aufgemacht hatte, ohne sie aus der Unterwelt zu fliehen, und verfolgte ihn mit Kreaturen der

Unterwelt bis zum Eingang. Um vor diesen grausamen Gestalten zu fliehen, warf er ihr und den Verfolgern eine Traube und etwas Bambus hin, die für Ablenkung sorgen sollten. Als Izanagi zum Eingang kam, verschloss er den Eingang mit einem großen Felsen. Somit endete auch die Vereinigung der beiden.

Aus Wut darüber versprach Izanami, jeden Tag 1000 Menschen sterben zu lassen, während Izanagi schwor, 1500 Menschen das Leben zu schenken. Dadurch entstand der Kreislauf von Leben und Tod.

Nach dieser schweren Reise und gezeichnet durch seine Trauer ging Izanagi an einen Fluss, um sich darin den Schmutz der Unterwelt abzuwaschen. Es gibt Deutungen, die hier das rituelle Waschen annehmen.

Beim Waschen entstanden drei weitere Götter. Aus dem linken Auge Amaterasu, die Sonnengöttin, aus dem rechten Auge Tsukuyomi, der Mondgott, und aus der Nase Susanoo, der Sturmgott. In den Kiki wird Tsukuyomi weniger erwähnt. Er ist der ruhigere der drei Götter und ist weder dem einen noch dem anderen Extrem zugeneigt. Diese Konstellation ist in religiöser Hinsicht nicht untypisch. Während es zwei Extreme gibt, gibt es auch einen Mittelpunkt, der ruhig und verhaltensunauffällig ist. Dies ist ein Zeichen von Harmonie und Gleichgewicht.

# Weitere beliebte Mythen

## 1. AMATERASU & SUSANOO

### Amaterasu und ihre Macht

Amaterasu ist eine der wichtigsten Göttinnen in der japanischen Religion. Nachdem sie und ihre beiden Brüder, Tsukuyomi und Susanoo, geboren worden waren, erhielten sie von ihrem Vater Izanagi ihre Aufgaben.

Während Tsukuyomi Herrscher über Mond und Nacht und Susanoo Herrscher über das Meer und die Unterwelt wurden, wurde Amaterasu zur Göttin der Sonne, des Himmels und der Schöpfung.

Um sie ranken sich einige Geschichten. Allem voran ist jedoch zu erwähnen, dass es auch im damaligen

Japan recht untypisch war, dass ein weiblicher Gott als einer der stärksten und wichtigsten Götter dargestellt wurde. Man glaubt, dass die Wirkung der Kaiserin Gemmei, die zur Vollendung des Kojiki beitrug, dieses Ergebnis zutage gebracht hat.

## Amaterasu und Susanoo

Susanoo war schon immer missgünstig und neidisch auf seine Schwester und ihre Macht. Durch seinen wilden, ungezähmten Charakter, der ihn immer wieder zu Untaten verleitet, wird er das erste Mal aus dem Himmel verbannt und zum Herrscher der Unterwelt ernannt. Die Wege der Geschwister sollten sich trennen.

Susanoo, der der Unterwelt zugeteilt wurde, wollte sich allerdings noch von Amaterasu verabschieden. Auf dem Weg zu ihr brachte er Meere, Berge und Hügel in Bewegung. Amaterasu dachte, da sie seine stürmische Art kannte, er sei gekommen, um sie anzugreifen und ihr das Land wegzunehmen. Sie veränderte ihr Aussehen und trat ihrem Bruder als Mann mit Köcher, Bogen und Schild entgegen.

Als er ankam, beteuerte er, er wollte sich nur verabschieden und dass er in Frieden gekommen sei. Um dies zu beweisen, wollte er einen Schwur leisten und Kinder zeugen.

Ab hier werden sich die verschiedenen Quellen

uneinig. Das Einzige, was so ziemlich in jeder Quelle ähnlich ist, ist der Ablauf. Zwar gibt es noch die eine oder andere Quelle, die da doch ein klein bisschen was ändert, aber vom Prinzip her tauschen Amaterasu und Susanoo ihre Waffen aus. Susanoo gibt Amaterasu sein Schwert und Amaterasu gibt ihrem Bruder die eine Halskette mit Krummjuwelen.

Amaterasu zerbricht das Schwert und teilt es in drei Teile, wäscht sie im Yasu-kawa, kaut sie und bläst dann den Staub hinaus. Dabei entstehen drei weibliche Gottheiten. Susanoo nimmt die Juwelen, wäscht auch diese im Fluss, kaut sie und bläst den Staub hinaus. Hierdurch werden fünf männliche Gottheiten gezeugt. Der Ausgang, ob Susanoo seine Unschuld bewiesen hat, ist nun sehr umstritten. Was jedoch überwiegend in fast jeder Niederschrift zu finden ist, ist, dass Susanoo stets recht behält und sein reines Herz beweist.

Seine Missgunst gegenüber seiner Schwester flaut aber auch danach nicht ab. Sie beflügelte ihn zu sämtlichen weiteren Schandtaten. Er zerstörte frisch gepflanzte Reisfelder im Himmel oder hinterließ Fäkalien in ihrem Tempel zurück. Dies alles ließ Amaterasu ihrem Bruder noch durchgehen und er randalierte wieter, bis er eines Tages ein Pferd nahm, es durch eine

„Rückwärtsschindung" häutete (verkehrt herum gehäutet) und in eine heilige Webhalle warf. In dieser Webhalle befand sich Wakahirume no Mikoto, eine jüngere Schwester von Amaterasu und eine ausgezeichnete Weberin, die sich erschrak, vom Webstuhl fiel, sich mit dem Webschiff verletzte und daraufhin verstarb.

Wütend auf ihren Bruder, bezichtigte Amaterasu ihn weiterhin, ein „schwarzes Herz" zu haben, und wollte ihn nie wieder sehen. Sie begab sich in eine Felshöhle im Himmel und verschloss diese. Daraufhin hüllte sich die ganze Welt in Dunkelheit und stürzte sie in ein Chaos.

Die anderen Götter wollten das so nicht hinnehmen und entwickelten einen Plan, um die Sonnengöttin wieder ans Licht zu bringen. Die Götter versuchten alles Mögliche, um sie herauszulocken. Bis Omohi-Kane, Gott der Weisheit und Intelligenz, die Idee hatte, Hähne vor den Eingang zu platzieren, die sie davon überzeugen würden, dass der Morgen angebrochen sei. Darüber hinaus wurde dort ein Strauch platziert, der mit glänzenden Juwelen, einer Halskette und Kleidern besetzt war, und ein großer achteckiger Spiegel.

Als die Göttin Amenouzume anfing zu tanzen und das Gelächter immer lauter wurde, fragte sich Amaterasu, was draußen vor sich ginge. Irgendwann hielt sie die Neugierde nicht aus und öffnete die Höhle. Geblendet von ihrer Schönheit starrte sie in den aufgestellten Spiegel und bemerkte erst zu spät, dass ein anderer Gott sie aus der Höhle zog und ein zweiter einen Zopf aus heiligem Stroh vor die Höhle warf und diese damit versiegelte. Amaterasu konnte nicht mehr in die Höhle zurückkehren und mit ihrer Rückkehr aus der Höhle kehrte auch das Licht wieder in die Welt zurück.

Nachdem Amaterasu aus der Höhle gekommen war und alles seinen normalen Lauf genommen hat, sollte Susanoo bestraft werden. Sein Bart und seine Fingernägel wurden ihm ausgerissen. Zusätzlich wurde er auf die Erde verbannt.

In der Gegend von Izumo fand er sich ein, wo zu jener Zeit ein mächtiger Drache sein Unwesen trieb. Susanoo machte es sich zur Aufgabe, diesen Drachen zu erledigen. Als er den leblosen Körper des Drachen vor sich liegen hatte, fand er im Schweif ein Schwert, welches er „Kusanagi no Tsurugi" nannte. Dieses Schwert brachte er seiner Schwester dar – als Wiedergutmachung für all seine Untaten. Danach war Susanoo nicht mehr negativ auffällig geworden.

## Amaterasu und die Verbindung zur Königsfamilie

Amaterasu bat ihren Sohn, zur Erde hinabzusteigen und diese zu reagieren. Er lehnte die Bitte seiner Mutter jedoch ab. Daher bat Amaterasu weitere zwei Götter, die zwar auf die Erde gingen, aber bei ihrer Mission, die Erde zu regieren, scheiterten.

Nach der dritten Sitzung der Götter wurde entschieden, Takemikazuchi und Futsunushi auf die Erde zu schicken, um mit dem bislang herrschenden Okuninushi zu verhandeln und ihn dazu zu bringen, Amaterasu als oberste Herrscherin anzuerkennen.

Dieser beriet sich mit seinen beiden Söhnen, da er selbst natürlich nicht begeistert war, dazu aufgefordert zu werden, seine Herrschaft abzugeben. Der älteste Sohn war für den Frieden und die Akzeptanz, wohingegen der jüngere Sohn um die Herrschaft kämpfen wollte. Dieser hatte jedoch gegen Takemikazuchi keine Chance und da Okuninushi nicht weiterwusste, überließ er zwangsläufig die Herrschaft Amaterasu.

Amaterasu versuchte daraufhin erneut, ihren Sohn dazu zu bewegen, dass er die Regentschaft der Erde übernehme. Dieser schlug seinen Sohn Ningi-no-Mikoto vor und Amaterasu war damit einverstanden, ihrem Enkel die Herrschaft zu übertragen. Bevor sich

dieser zur Erde aufmachte, schenkte ihm seine Groß-
mutter drei Dinge: eine Halskette mit Juwelen
(Yasakani), welche Amaterasu aus der Höhle gelockt
hat, den Spiegel (Yata), der ebenfalls dazu beitrug, und
das Schwert Kusanagi, welches ihr Susanoo geschenkt
hatte.

Ningi festigte mit diesen Geschenken seine Macht
und vermachte diese seinen Nachfahren. Jimmu
Tenno, der erste Kaiser Japans, galt als direkter Nach-
fahre von Ningi.

Der Glaube an diese Gegebenheit festigte die
Herrschaft der Kaiserfamilie über die Jahrhunderte
hinweg. Erst nach dem Zweiten Weltkrieg bröckelte
diese, jedoch ist das japanische Kaiserpaar bis heute
das Oberhaupt Japans geblieben.

## 2. OKUNINUSHI

Es ist im Kojiki nicht vermerkt, wer seine Eltern sind
bzw. wie er geboren worden ist. Es wird wohl mal erwähnt in einer Quelle, dass er nicht nur ein Gott und
ein Held sei, sondern auch dem Geschlecht der Nekoku
entstammt. Weiteres über ihn und seine Herkunft ist
nicht bekannt. Es gibt jedoch einige Geschichten über
ihn und sein Dasein als Gott. Angefangen hat alles, als

er und seine 80 Brüder sich nach Inaba aufmachen, um Prinzessin Yagami zu umwerben. Auf dem Weg treffen sie einen Hasen ohne Fell, der unter furchtbaren Schmerzen leidet. Der Hase erzählte ihnen, dass er von der Insel Oki kommt und um von dort auf das Festland zu kommen, musste er die See überqueren. Da der Hase nicht schwimmen konnte, musste er sich einer List bedienen. Er wettete mit den Haien, dass die Sippe der Hasen zahlreicher sei als die der Haie. Um nachzuzählen, sagte er den Haien, sich in eine Reihe zu stellen, sprang er auf die Rücken der Haie und tat so, als ob er zählen würde. So hüpfte er ans Festland. Er machte jedoch den Fehler, dass er vor dem Festland den Haien verriet, wie er sie überlistet hat. Aus Wut fingen die Haie an, ihn anzugreifen, und einer erwischte ihn und zog ihm das Fell ab.

Die Brüder von Okuninushi rieten dem Hasen, sich gegen die Schmerzen im Meer zu baden und sich dann auf einem Berggipfel von Wind und Sonne trocknen zu lassen. Der Hase tat genau dies. Das Meerwasser trocknete, das Salz jedoch blieb auf seiner Haut und durch die Trockenheit reizte es die Haut noch mehr und brachte sie an einigen Stellen zum Platzen. Durch die zusätzlichen Wunden litt der Hase mehr denn je. Okuniushi, der zum Schluss an dem Hasen vorbeikam, weil er mit dem Gepäck der Brüder beladen war, fragte den Hasen ebenso, wieso er denn weine. Der Hase erzählte auch ihm die Geschichte und das, was seine Brüder ihm rieten. Anders als seine Brüder riet er dem Hasen, dass er im Wasser einer Quelle baden sollte und sich dann im Blütenstaub des Rohrkolbens wälzen solle. Der Hase befolgte den Ratschlag und war kurz darauf bereits geheilt. Der Hase entpuppte sich als Gottheit und prophezeite Okuninushi, dass er die Prinzessin heiraten würde.

Beim Werben um die Prinzessin geschah das, was der Hase prophezeite – die Prinzessin wählte Okuninushi zu ihrem Gemahl. Die Brüder, die ihren Bruder sowieso verachteten, hassten ihn nun noch mehr und planten, ihn aus dem Weg zu schaffen.

Ihr Plan sollte am Berg Tema stattfinden. Dort gab es ein rotes Wildschwein, welches die Brüder angeblich fangen wollten. Sie sagten Okuninushi, dass er am Fuß des Berges warten soll, um es dort zu fangen. Die Brüder hatten jedoch was ganz anderes vor. Sie nahmen einen großen Felsen und erhitzten ihn, bis er vor Hitze eine rötliche Farbe annahm, und ließen ihn dann den Berg hinunterrollen, wo Okuninushi bereits wartete. Bei dem Versuch, diesen Felsen, den er für das Wildschwein hielt, zu fangen, verbrannte er sich und starb daraufhin. Seine Mutter konnte sich damit nicht abfinden und versuchte, ihn mithilfe von Kami Musubi wiederzuerwecken. Kami Musubi beauftragte Kisakai-hime und Umugi-hime mit dieser Aufgabe. Die beiden waren erfolgreich und Okuninushi war wieder unter den Lebenden.

Seine Brüder waren zornig und entwickelten erneut einen Plan, ihren Bruder umzubringen. Sie fällten einen Baum, spalteten ihn mit einem Keil und als Okuninushi auf den Keil trat, nahmen sie den Keil weg und Okuninushi wurde zerquetscht. Seine Mutter konnte auch dies nicht akzeptieren, bat erneut um Hilfe und er wurde ein zweites Mal gerettet. Nun schickte die Mutter ihn zu Oho-ya-biko, einem Gott, doch dies war ergebnislos, denn die Brüder machten immer noch Jagd auf ihn. Er floh und seine Mutter riet ihm, nach Susanoo in Ne-no-Kuni zu suchen.

Dort angekommen, traf er auf Suseri-bime, die Tochter von Susanoo, und nahm diese zur Frau. Susanoo war alles andere als begeistert von ihm und stellte ihn vor verschiedene Prüfungen, bevor er sein Haus betreten durfte. Die erste Prüfung bestand darin, im Schlangen-Gemach zu schlafen. Seine Frau, die auf seiner Seite stand, gab ihm, damit er es überlebte, eine Binde mit, die Schlangen abwehren konnte, indem man sie dreimal schüttelte, sobald die Schlangen attackieren wollten. Dies tat Okuninushi auch und schlief ruhig und friedlich.

Die zweite Prüfung bestand darin, im Tausendfüßler- und Wespengemach zu schlafen. Auch dieses Mal gab ihm seine Frau eine Binde und erneut schlief er ruhig und zufrieden.

Die dritte Prüfung gestaltete Susanoo dann anders. Er nahm den Brumm-Pfeil und schoss ihn in ein Gefilde ab. Die Aufgabe bestand darin, dass Okuninushi diesen Pfeil wieder zu Susanoo zurückbringen sollte. Okuninushi machte sich auf den Weg, um den Pfeil zu holen. Als er mitten im Gefilde war, entzündete Susanoo ein Feuer und setzte damit alles um Okuninushi in Brand. Okuninushi sah sich dem Feuer hilflos gegenüber, bis eine Ratte ihm zur Hilfe eilte. „Das Innere ist hohl-hohl, das äußere schmal-schmal." Auf diesen Satz hin stampfte er auf eine besagte Stelle und tatsächlich fiel er hindurch. Dort unten wartete er ab, bis das Feuer vorüber war, derweil sammelte die Ratte mit ihren Kindern den Pfeil und die Pfeilfedern ein. Diese übergaben sie Okuninushi, der diese wiederum Susanoo gab. Susanoo blieb nun nichts anderes übrig, als ihn ins Haus zu lassen. Gleichzeitig bat er ihn, ihn zu entlausen. Als Okuninushi auf den Kopf von

Susanoo sah, bemerkte er zig Tausendfüßler. Seine Gattin, die ihm nun erneut zur Hilfe kam, gab ihm Beeren des Muku-Baums und Lehm, den er kaute und das Ausgespuckte Susanoo präsentierte, als hätte er die Tausendfüßler zerkaut. Susanoo, der nun überzeugt von Okuninushi war, legte sich wenig später schlafen.

Darauf hatte Okuninushi nur gewartet. Er band die Haare von Susanoo fest, sodass er, selbst wenn er aufwachen würde, erst einmal sich selbst befreien müsste. Dann nahm er das Schwert des Lebens, Pfeil und Bogen des Lebens und die heilige Verkündungszither. Mit seiner Frau auf dem Rücken floh er nun, doch die Zither streifte einen Baum und Susanoo erwachte und nahm die Verfolgung auf. Die Verfolgung endete, als Okuninushi die Unterwelt verließ. Es wird angenommen, dass Susanoo die Unterwelt nicht verlassen durfte, sodass er die Verfolgung aufgab. Susanoo, der nichts weiter unternehmen wollte, rief ihm nur noch nach: „Nimm das Schwert und Bogen und Pfeile des Lebens, die du bei dir hast, und verfolge deine Brüder [...] Und werde du, Gauner, zum Gott Ōkuninushi und zum Gott Utsushi-kuni-dama und mache meine Tochter Suseri-bime zu deiner Hauptgemahlin [...]!" Susanoo erteilte den beiden also einen Herrschaftsauftrag und die drei „gestohlenen" Dinge machte Susanoo damit zum Zeichen der Legitimation dieses Herrschaftsanspruchs Okunushis.

Okuninushi verfolgte seine Brüder mit dem Schwert und dem Pfeil und Bogen, vertrieb sie und nahm nun das Land ein. Er fing an, an dem Land zu arbeiten. Dort, wo Izanami zuvor durch den Tod aufgehört hatte, begann Okuninushi, mit seiner Frau weiterzumachen.

## 3. RAIJIN UND FUJIN

Raijin der Gott des Blitzes und des Donners, wird oft mit einem Kranz fliegender Trommeln dargestellt. Sein Wesen ist wild und ungestüm – teilweise auch recht aggressiv.

Fujin ist der Gott des Windes. Er wird mit einem schlauchähnlichen Sack dargestellt, der ihm um den Hals hängt. In dem Sack bewahrt er den Wind auf. Im Gegensatz zu Raijin ist Fujin eher ruhigerer Natur. Ihm wird nachgesagt, dass er für den Kamikaze-Wind (Göttlicher Wind) zuständig ist. Beide werden sehr oft gemeinsam dargestellt.

# 3. MOMOTARO

Die Geschichte von Momotaro, dem Pfirsichjungen, ist ungemein beliebt in Japan.

Ihren Ursprung soll die Geschichte in Okayama haben und die Insel der Dämonen soll eine kleine Insel in der Nähe von Takamatsu sein. Diese Geschichte ist in Japan so populär, dass es in sämtlicher Weise Adaptionen davon gibt.

In einem Dorf in Japan lebte ein armes Ehepaar mit einem großen unerfüllten Kinderwunsch. Eines Tages ging die Frau hinaus an den nahegelegenen Fluss zum Wäschewaschen und entdeckte dabei einen wunderschönen großen Pfirsich im Fluss schwimmen und holte ihn aus dem Wasser. Da sie sehr arm waren und selten so etwas Gutes zu essen bekamen, machte sich die Frau freudestrahlend auf den Weg nach Hause. Zu Hause angekommen, öffnete sie den Pfirsich mit ihrem Mann und zum Vorschein kam ein kleiner Junge. Beide glaubten an eine Fügung des Schicksals und nahmen ihn bei sich auf. Sie gaben ihm den Namen Momotaro, was nichts anderes bedeutet als Pfirsichjunge. Beide kümmerten sich sehr gut um ihren Sohn und er wuchs zu einem starken und klugen jungen Mann heran. Er liebte seine Eltern so sehr und fragte sich fortwährend, wie er ihnen ein besseres Leben schenken könnte. Er grübelte und grübelte, bis er eines Nachts einen Traum hatte:

In der Nähe des Dorfes gab es eine Insel. Es war jedoch nicht nur irgendeine Insel. Die Insel wurde von Oni (bösen Geistern) besetzt, die dort in den Höhlen lebten und Schätze versteckt hielten. Auf der Insel, die sich aufgrund der Oni Onigashima nannte, gab es einen Oni, der für die Bewachung zuständig war, der sich Monban nannte. Er würde zu dieser Insel fahren, die schrecklichen Geister besiegen und die Schätze seinen Eltern mitbringen. Dabei würden ihm die Götter in Form von Tieren helfen.

Nach diesem Traum war sein Plan klar. Er lernte, wie man mit Waffen umgeht, im Besonderen mit einer großen Keule. Als er sich für die Reise bereit fühlte, ging er zu seinen Eltern und erzählte ihnen von seinem Plan. Diese waren natürlich alles andere als begeistert davon. Sie versuchten, ihn davon abzuhalten, hatten aber keinen Erfolg. Momotaro vertraute auf die Unterstützung der Götter, so auch seine Eltern. Warum sollten die Götter ihnen ein Kind schenken, um es ihnen dann so wegzunehmen? Also packte Momotaro Proviant und Waffen ein, sagte seinen Eltern Lebewohl und machte sich auf den Weg. Während er auf dem Weg zum Strand war, kam ihm ein Hund schwanzwedelnd entgegen. Momotaro spielte ein wenig mit ihm, bis der Hund ihm sagte „Lass mich mit dir ziehen! Wenn du mir einen deiner Klöße gibst, werde ich dir treu und loyal dienen und dir sicherlich helfen können!" Momotaro überlegte nicht lange, gab ihm einen der Klöße und beide zogen weiter.

Nach einiger Zeit kam ihnen ein Affe entgegen, der Momotaro fragte, was er denn mit den Waffen vorhätte. Dieser erzählte ihm von der Insel, den Oni und auch den Schätzen. „Gut, ich will mit dir kommen und dir helfen, wenn du mir eine Portion deiner Klöße überlässt!", antwortet der Affe, als Momotaro ihm alles erzählt hatte. Auch hier fackelte er nicht lange und gab dem Affen eine große Portion seiner Klöße. Diese mundeten dem Affen so sehr, dass er seinen Freund, den Fasanen, herbeirief. Der Fasan, ebenfalls angetan von den Klößen, wollte nun auch helfen, mit seinen Freunden diese Insel zu befreien. Am Strand angekommen, sahen sie sich mit dem ersten Problem konfrontiert. Wie sollen sie zur Insel kommen? Es war ein Boot vorhanden, welches aber tief im Wasser lag und an einen Pfahl gebunden war. Da kam dem Affen eine Idee. „Hund, du kannst doch schwimmen? Bring mich dort rüber und ich löse das Boot von dem Pfahl." Gesagt, getan, als er das Boot löste, gab er dem Hund das Seil, woran das Boot hang, und der Hund zog es bis zum Strand. Dann stiegen alle, bis auf den Fasanen, ein. Momotaro fragte den Fasanen, weshalb er nicht auch ins Boot kommt. Der Fasan antwortet ihm, dass er voraus fliegen würde, um zu schauen, wo sie anlegen können, ohne entdeckt zu werden. Er wolle sich einen Überblick verschaffen, denn vor allem das Boot dürfe nicht gesehen werden, da sie dieses noch brauchen würden, um von der Insel wegzukommen. Momotaro begrüßte den Plan und gemeinsam machten sie sich auf den Weg zur Insel.

Durch den Fasanen konnten sie also unbemerkt auf die Insel kommen und relativ zügig zum Eingang der Höhle. Momotaro holte weit aus und traf die Pforte der Höhle mit seiner Keule mit einem heftigen Schlag. Es passierte jedoch nichts weiter. Daraufhin trat Momotaro die Tür ein. Was sie vorfanden, war alles andere als eine gruselige Höhle. Es erwartete sie ein Palast, prächtig und hell – nichts, was zu einem Oni passen würde. Während der Fasan wieder voraus flog, kletterte der Affe auf das Dach und der Hund unter den Fußboden, um den Palast auszukundschaften. In der Zwischenzeit lief Momotaro in Richtung der Halle, in welcher der große Oni sein sollte, der alle anderen Oni befehligte. Als seine drei Gefährten zurückkamen, wollte er gerade zu dem großen Oni hinein, als viele kleine Kobolde und Oni die Gruppe angriffen.

Momotaro schwang seine Keule heftig umher und schlug damit alle in die Flucht. Er ließ keine Zeit verstreichen und stürzte sich auf den gräulichen großen Oni. Der Affe bemerkte, dass der Oni jedoch stärker war, sprang auf seinen Rücken und versuchte, ihm die Augen zuzuhalten. Auch der Hund versuchte, sich nützlich zu machen, und biss den Oni.

Der Fasan hielt derweil die übrig gebliebene Dienerschaft davon ab, in den Raum zu kommen, indem er ihnen die Augen auspickte. Irgendwann bemerkte der große Oni, dass er keine Chance hatte, und bat um sein Leben. Momotaro versprach ihm, sein Leben zu verschonen, wenn er ihm alle Schätze der Insel geben würde. Damit war der große Oni einverstanden und die Dienerschaft, obwohl sie durch den Fasanen blind waren, verfrachtete alle Schätze auf das Boot.

Glücklich und freudestrahlend kam Momotaro in sein Heimatdorf zu seinen Eltern und übergab ihnen die Schätze. Die Heldentat verbreitet sich in der ganzen Welt; auch eine wunderschöne Prinzessin erfuhr davon und wünschte sich Momotaro zum Mann. Dieser wusste jedoch nichts davon. So geschah es, dass der

Fasan eines Tages davon erfuhr und Momotaro davon erzählte. Momotaro war begeistert und schickte seine Mutter zur Prinzessin, damit diese für ihn um ihre Hand anhielte. Die Prinzessin war überglücklich, einen Mann wie Momotaro zu bekommen, und stimmte dem Antrag sofort zu.

Momotaros Eltern waren wunschlos glücklich und er behielt seine Reisebegleiter – Hund, Affe und Fasan – bis zum Lebensende als seine Freunde.

Diese Art von Heldengeschichten ist für Japan üblich. Der Prozess, um ein Held zu werden, läuft immer recht ähnlich ab. Der Held wird zunächst als schwach oder ungehorsam geboren oder dargestellt. Nachdem sie dann einige Prüfungen, Wanderungen oder Verfolgungen hinter sich haben, verändern sie sich, werden erwachsener und werden zu Helden. Für den Helden besteht auch immer ein Problem bei den Eltern. Entweder haben sie gar keine Eltern, nur ein Elternteil, wurden von irgendwo vertrieben, sind arm oder in Ungnade gefallen.

# 4. YUKI-ONNA (DIE SCHNEEFRAU)

Yuki-onna, oder die Schneefrau, ist eine viel erzählte und fest verankerte Erzählung im japanischen Volksglauben. Die Schneefrau wird den Dämonen zugeordnet.

Die Erzählung hat die eine oder andere Variation, die von den Regionen her unterschiedlich sind.

Je nach Erzählung hat die Schneefrau eine andere Gestalt oder einen anderen Namen. Zum Beispiel Yuki-musume (Schneemädchen). Jedoch ist die Geschichte vom Prinzip her immer gleich. Ein hübscher weiblicher Geist trifft auf einen Wanderer, der sich inmitten eines Schneesturms verirrt hat. Der Wanderer wird von diesem Geist betört und verliert seine Kontrolle. Letztlich führt dies zu seinem Tod. Eine bekannte Variante ist folgende Erzählung.

Ein Junge trifft auf die schöne Yuki-onna. Weil der Junge jedoch so schön, hübsch und doch noch so jung ist, lässt sie ihn gehen, wenn er ihr verspricht, niemandem von ihr zu erzählen. Mit dem Versprechen zieht er von dannen und Jahre später trifft der Junge, der nun mittlerweile ein Mann geworden ist, auf eine arme Frau ohne Familie. Er verliebt sich unsterblich in diese

Frau, heiratet sie und bekommt Kinder mit ihr. Als die Kinder schlafen und er mit seiner Frau allein ist, hält er es jedoch nicht aus und so kommt es dazu, dass er seiner Frau von der Schneefrau erzählt und damit sein Versprechen bricht. Was er nicht weiß und was sich erst in dem Gespräch zeigt, ist, dass seine Frau die Schneefrau ist. Yuki-onna ist aber nicht bereit, den Vater ihrer Kinder umzubringen, weil er sein Versprechen gebrochen hat. Sie schmilzt in seinen Armen und verschwindet für immer aus seinem Leben.

Nun gibt es die eine oder andere Interpretation, warum es diese Geschichten gibt und warum sie so populär sind.

Die wohl schlüssigste Interpretation spricht davon, dass diese Geschichten besonders Reisende im strengen Winter davon abhalten soll, in den Schneemassen und im Besonderen an abgelegeneren Orten wandern zu gehen oder Ähnliches. Die Schneefrau ist zwar wunderschön, aber die Folgen einer Begegnung mit ihr sind durchaus tödlich. Auch der Schnee ist wunderschön, doch wer schon mal in einem Schneesturm gefangen war, weiß, dass dieser oft einen tödlichen Ausgang nehmen kann.

# 5. KUCHISAKE-ONNA (BREITMAUL-FRAU)

Eine weitere gruselige Geschichte über einen Dämon, der in Japan bis heute noch sein Unwesen treiben soll, ist die Sage von Kuchisake-onna.

Zur Heian-Zeit (794–1185) gab es einen wohlhabenden, jedoch sehr jähzornigen und eifersüchtigen Samurai, der glaubte, dass seine schöne und doch recht eitle Frau ihn betrügen würde. Daraufhin nahm er sein Schwert und schlitzte ihren Mund mit dem Gedanken von Ohr zu Ohr auf, dass sie niemand mehr schön finden würde, und fragte sie daraufhin: „Wer wird dich jetzt noch schön finden?" Nach diesem Tag war sie dazu verdammt, auf der Suche nach Opfern als Geist umherzustreifen.

Sie läuft nachts umher und trägt ein Seidentuch vor ihrem Mund und einen roten Regenmantel. In manchen Regionen hat sie auch eine große Schere in der Hand. Wenn sie auf ein Opfer trifft, bleibt sie stehen und fragt zunächst „Bin ich schön?" Bejaht man diese Frage, entblößt sie ihren Mund und zeigt ihre zerschnittene Fratze. „Jetzt auch noch?", fragt sie dann erneut. Sollte man hier die Beine in die Hand nehmen und wegrennen, wird sie einen erbarmungslos jagen.

Männern schneidet sie den Kopf mit der Schere ab, Frauen werden von ihr mit dem gleichen Fluch belegt und selbst Kinder bringt sie quälend um.

Sollte man mit Ja antworten, dass sie auch weiterhin schön sei, antwortet sie mit „Dann sollst du genauso schön sein wie ich!" und belegt ihr Opfer mit dem gleichen Fluch. Wegrennen bzw. entkommen kann man ihr wohl nicht, denn sie soll sich sogar teleportieren können. Dennoch gibt es „Tricks", mit denen eine Flucht möglich sein soll. Unter anderem soll man auf die Frage mit einem „Na ja, geht so" oder „Durchschnittlich" antworten. Es wird auch erzählt, dass sie eine Schwäche für Süßigkeiten hat und wenn man ihr eine Handvoll Bonbons vor die Füße wirft, könnte man sich Zeit verschaffen, um davonzukommen.

Die ersten Berichte darüber kamen erst in den späten 70ern. 1979 führte das Ganze zu einer richtigen Hysterie in Schulen und Universitäten. Schüler und Studenten waren nur noch in Gruppen unterwegs und man hat Flugblätter verteilt, wie man Kuchisake-onna am besten austricksen kann, um zu überleben. Besonders viele Kinder sollen vor ihr getötet worden sein.

Höchstwahrscheinlich wurde dies aber lediglich dafür genutzt, Kinder und Jugendliche durch Angst dazu zu bewegen, sich nachts nicht mehr draußen aufzuhalten, spazieren zu gehen und Unfug zu treiben.

2004 gab es in Korea erneut eine Panik aufgrund dieser Erzählung. Die Geschichte wurde jedoch verändert, und zwar war diese Frau ziemlich eitel und ließ sich operieren. Bei der Operation kam es zu einem Unfall und ihr Gesicht wurde entstellt. Daher wird auch oftmals davon gesprochen, dass sie eine rote Maske trägt. Manche meinen, dass sie auch mit einer OP-Maske durch die Gegend lief.

Im Jahre 2007 soll eine Aufzeichnung aufgetaucht sein, die von einer Geisteskranken erzählt, die Kinder gejagt und getötet hat. Bei einer Jagd wurde sie wohl von einem Auto überfahren und starb an den Verletzungen. Ihr Gesicht wurde hierbei so entstellt, wie es der Geschichte entsprach. Der Mythos über die Breitmaul-Frau ist eher eine „moderne Sage" bzw. „Urban Legend", welche als Schauererzählung per E-Mail und Facebook verbreitet wird bzw. wurde.

## 6. OKIKU

Die Geschichte von Okiku gibt es, wie viele der japanischen Geschichten, in vielerlei Variationen. Die Version, in der man sie zu hören bzw. zu lesen bekommt, hängt erneut von der Region ab.

Die bekannteste und auch diejenige, die die meisten Touristen anzieht, ist die Geschichte, die sich im Schloss Himeji in Hyogo zugetragen haben soll.

Okiku soll dort als Dienstmädchen in den Diensten eines erfolgreichen Samurai namens Tessan Aoyama gestanden haben. Seine Frau besaß zehn unglaublich wertvolle Teller. Diese zu beschützen und sie zu pflegen, war ihre Hauptaufgabe. Leider war Tessan Aoyama seiner Frau nicht treu und auch Okiku gefiel ihm sehr. Er machte ihr immer wieder Avancen, bot ihr an, seine Mätresse zu werden und auch seine Frau für sie zu verlassen. Okiku lehnte jedoch immer wieder ab, denn sie hatte kein Interesse an ihm.

Dies war Tessan Aoyama natürlich gar nicht recht und völlig davon überzeugt, dass er sich nehmen konnte, was immer er wollte, überlegte er sich, wie er Okiku in eine Falle locken konnte. Er nahm einen der Teller und versteckte ihn gut im Schloss. Okiku, die sehr schnell bemerkte, dass der Teller verschwunden war, machte sich sofort panisch auf die Suche nach dem Teller. Aoyama wartete die bestmögliche Gelegenheit ab, um sie abzufangen, und fragte sie erneut, ob sie seine Mätresse sein wollen würde. Sie lehnte erneut ab und Aoyama begann, ihr nun unmissverständlich zu drohen. Er eröffnete ihr, dass er den Teller versteckt habe und wenn sie nicht seine Mätresse werden würde, würde er ihr die Schuld in die Schuhe schieben und dafür sorgen, dass sie gefoltert und hingerichtet werden würde. Da Okiku weder irgendetwas mit diesem Mann anfangen noch den Teller finden konnte, begab sie sich zu dem Brunnen des Schlosses, um sich darin zu ertränken. Natürlich blieben die Teller "verschwunden" und Aoyama erklärte hierdurch den Selbstmord von Okiku.

Bereits in der nächsten Nacht erschien sie als "Yummi" (Geister von Menschen, die plötzlich oder durch überstürzte Ereignisse gestorben sind). Sie stieg aus dem Brunnen und wandelte in Richtung des Raumes, wo die Teller verwahrt werden. Sie zählte die Teller und als sie den zehnten nicht finden konnte, begann sie zu jammern und zu schreien. Dies machte sie von diesem Tag an in jeder Nacht. Tessan Aoyama wurde das Ganze zu viel und er dachte darüber nach, den Teller wieder an seinen Platz zu bringen und den Geist damit zu beruhigen. Sein Stolz war ihm jedoch im Weg und so beschloss er, den Geist weiter jammern zu lassen. Dies hatte jedoch eine böse Folge für ihn, den er wurde aus dem Palast geschmissen. Dies wiederum verhinderte seinen Plan, den damaligen Herrscher des Schlosses zu stürzen.

Auch heute noch soll Okiku aus ihrem Brunnen steigen und jammernd den verloren gegangenen Teller beweinen, jedoch längst nicht mehr jede Nacht. Der Brunnen, aus dem sie angeblich steigen soll, kann man im Schloss besichtigen und er trägt auch den Namen "Okikus Brunnen".

Das Aussehen von Okiku als Yummi, wird beschrieben als Gestalt eines Mädchens mit langen schwarzen Haaren. Es wird auch behauptet, dass diese Geschichte Inspiration war für den Film "The Ring".

# 7. KAGUYA-HIME

Eine ebenfalls durchaus bekannte Geschichte ist die der Kaguya-hime, vielen ist diese Geschichte auch unter Taketori Monogatari bekannt. Sie wurde unter anderem als Animationsfilm im Jahr 2013 erneut aufgegriffen von einem der bekanntesten und erfolgreichsten Filmstudios in Japan, dem Studio Ghibli.

Auf dem Berg Fuji in einem Dorf lebten ein alter, armer Bambussammler und seine Frau zusammen. Sie haben sich immer ein Kind gewünscht, aber es kam nie dazu. Als der Mann eines Tages seiner Arbeit nachging, entdeckte er einen leuchtenden Bambus, schnitt ihn vorsichtig auf und in ihm entdeckte er ein winziges weibliches Baby, welches er zu seiner Frau mit nach Hause mitnahm. Sie waren überglücklich, dass sie dieses Geschenk von den Göttern bekommen hatten, nahmen das Kind auf und nannten das Kind Kaguya-hime.

Sie wuchs sehr schnell heran und war sehr bald schon im heiratsfähigen Alter. Der Bambussammler arbeitet derweil natürlich weiter und jedes Mal, wenn er arbeiten war und Bambus schnitt, war darin etwas Gold. So wurde die Familie reicher und reicher.

Kaguya wurde mit der Zeit immer schöner und schöner. Ihr Ruf eilte ihr voraus und auch, wenn ihr Vater versuchte, sie von der Außenwelt etwas abzuschirmen, begannen sich fortlaufend Edelmänner vorzustellen und um ihre Hand anhalten zu wollen. Kaguya jedoch war alles andere als bereit dafür und lehnte jeden Antrag ab. Eines Tages fanden sich fünf Prinzen dort ein. Jeder von ihnen bat sie, seine Frau zu werden und wie die anderen Anträge lehnte sie auch diese fünf Prinzen ab. Die Prinzen jedoch wollten sich damit nicht zufriedengeben und sprachen ihren Vater an, sie davon zu überzeugen, sich doch für einen von ihnen zu entscheiden. Ihr Vater, der das Ganze nicht unbedingt begrüßte, aber sich überreden ließ, redete mit seiner Tochter darüber. Sie war zwar immer noch nicht angetan davon, jemanden zu heiraten, aber ihrem

Vater zuliebe willigte sie ein, jedoch sollten alle fünf zunächst eine Aufgabe erledigen. Sollte es einer von ihnen schaffen, würde sie dem Antrag zustimmen.

So kam der erste, Ischi Zukuri, wollte alles tun, nur damit er sie heiraten durfte. Kaguya gab ihm die Aufgabe, für sie die Schale des Buddhas zu finden. Ischi machte sich sofort auf den Weg, kletterte Berge hinauf und Täler hinab. Er fragte herum und doch fand er die Schale nicht. Schon bald gab er auf, ging aber nicht noch einmal zurück, da er sich schämte.

Der zweite Mann, Kuro Mochi, bekam die Aufgabe, den goldenen Zweig des heiligen Baumes, an dem Juwelen hingen, zu finden. Auch er trat seine Reise an und kam nicht wieder zurück, denn die Geschichte über den juwelenbesetzten Ast war nur eine Legende. Otome hieß der Dritte. Er sollte ihr das Drachenjuwel bringen. Das Drachenjuwel steckte in der Stirn eines Drachen. Er machte sich zu einem Drachen auf und kämpfte erbittert gegen ihn und konnte ihn sogar töten, jedoch fiel der Drache unglücklich auf Otome. Der Drache begrub ihn unter sich und Otome starb dabei. Abenomiyushi bekam den Auftrag, Kaguya das Fell der Feuerratte zu bringen. Als er versuchte, die Ratte zu fangen, trickste diese ihn aus und beschämt ging auch er nie wieder zurück zu Kaguya.

Iso No Kami Nomarotari war der letzte der Fünf. Er sollte ihr den Talisman der Leichten Geburt bringen. Dafür musste er über Berge klettern. Es geschah jedoch, was geschehen musste: Auch er verunglückte und starb. So blieb Kaguya weiterhin ungebunden.

Es wird erzählt, dass selbst der Kaiser um ihre Hand angehalten hatte, sie aber auch diesen Antrag ablehnte.

Eines Nachts sah Kaguya den Mond an und fing an zu weinen. Ihre Eltern beobachteten das Ganze und als Kaguya ihre Eltern bemerkte, drehte sie sich um und sprach zu ihnen. "Oh Vater, du wusstest immer, dass ich kein gewöhnliches Kind bin. Bevor du mich fandest, lebte ich auf dem Mond. Dann tat ich etwas, was ich nicht hätte tun sollen, und sie sandten mich zur Erde, um mich zu bestrafen und dich für deine harte Arbeit zu belohnen. Aber nun ist die Zeit der Rückkehr für mich gekommen. Beim nächsten Vollmond werde ich dich verlassen." Die Eltern waren natürlich sehr traurig über diese Entscheidung und der Vater organisierte für die besagte Nacht Samurai, die auf dem Dach in Position standen, um zu verhindern, dass Kaguya wieder zurück auf den Mond gehen könne. Dann wurde der Himmel so strahlend hell, als sei es Mittag, und blendete die Samurai. Ein leuchtender Wagen erschien. Der Zeitpunkt war gekommen und auch der Vater gab nach. Kaguya verabschiedete sich von ihren Zieheltern und bedankte sich für die Liebe und den Respekt, mit dem sie von ihnen großgezogen worden war.

# Heutige Einflüsse

## KAISERFAMILIE

Die drei Geschenke von Amaterasu werden auch Throninsignien genannt. Alle drei verkörpern eine Eigenschaft, die ein Kaiser haben soll. Das Schwert, Kusanagi no Tsurugi, steht für Tapferkeit, die Halskette, Yasakani no Magatama, steht für den Willen zum rechten Handeln und der Spiegel, Yata no Kagami, steht für Weisheit.

### Kusanagi no Tsurugi

Dieses Schwert wurde Amaterasu von ihrem Bruder Susanoo übergeben. Wie er an dieses Schwert gekommen ist, ist ebenfalls eine Erzählung für sich. Dieses Schwert befand sich im Inneren der Schlange Orochi, die in Izumo ihr Unwesen trieb. Besonders auf eine Familie hat die Schlange es abgesehen und fraß innerhalb eines Jahres 7 Töchter der Familie. Die Familie trat an Susanoo heran, der ja mittlerweile auf die Erde verbannt wurde. Im Austausch dafür würde Susanoo die übrig gebliebene Tochter der Familie heiraten dürfen.

Susanoo, dessen Charakter sich zwar beruhigt hatte, aber immer noch etwas unüberlegt war, griff die Schlange sofort an. Die Schlange hatte aber acht Köpfe, woraufhin ein einfaches, sofortiges Angreifen sich als nutzlos erwies. Darum dachte er sich eine List aus. Er stelle 8 Krüge mit Sake (japanischer Reiswein) in die Nähe von Orochi und hoffte, dass die 8 Köpfe daraus trinken würden. Die List war erfolgreich und die Schlange war betäubt von dem Alkohol. Nun war es Susanoo ein Leichtes, die Köpfe und alle Schwänze der Schlange abzuschneiden. Das Schwert fand er in einem der Schwänze und nahm es an sich.

Der Verbleib von Kusanagi ist ebenso mit Mythen verbunden. Nach einer Erzählung soll es in der Seeschlacht von Dan-no-ura im Meer verloren gegangen sein. Der Kaiser Antoku soll es geführt und mit ihm im Meer verschwunden sein. Es gibt jedoch einige, die behaupten, dass das Schwert aus dem Meer gerettet worden sei. Was der Wahrheit entspricht, weiß man nicht. Das Kaiserhaus bestreitet den Verlust, doch einige vermuten, dass dieses geheime Exemplar nur noch eine

Replik des originalen Schwertes ist. Ob es nun das originale Schwert ist oder die Replik – bekannt ist, dass es sich heute im Schrein von Atsuta in Nagoya befindet.

## Yasakani no Magatama

Historiker gehen davon aus, dass es sich nicht nur um ein Juwel handelt, sondern eine Halskette mit Magatama. Magatama sind tropfenförmige Edelsteine. Diese Halskette wurde angefertigt, um Amaterasu aus der Höhle zu locken.

Wie sie tatsächlich aussieht und was mit ihr geschehen ist, darüber gibt es ebenso keinerlei Informationen. Die Kaiserfamilie gibt lediglich preis, dass das Artefakt im Schrein Kashiko-dokoro im Kaiserpalast beherbergt wird.

## Yata no Kagami

Der Spiegel wurde zusammen mit der Halskette als Lockmittel für Amaterasu genutzt.

Die Kaiserfamilie hat laut eigenen Angaben lediglich eine Replik im Kaiserpalast stehen. Der echte Spiegel soll sich im Schrein von Ise befinden.

# UNTERHALTUNGSMEDIEN

## Anime/Manga

Anime und Mangas sind in Japan nicht nur beliebt, sondern auch wirklich fest verankert in der japanischen Gesellschaft. Für jedes Alter, für jedes Geschlecht, ja, sogar für jede Berufsgruppe oder Hobby gibt es mindestens einen Manga. Daher ist es nicht verwunderlich, dass auch in diesem Medium Mythen und Sagen sehr viel Einfluss haben. Bekannte Animes und Mangas, wie z. B. Chihiros Reise ins Zauberland, Naruto, One Piece, Dragon Ball, Inuyasha, Detektiv Conan und viele mehr fassen die Mythen auf und verarbeiten diese auf ihre ganz eigene Weise.

In dem Film Chihiros Reise ins Zauberland, dürfen Chihiros Eltern auch nicht mehr zurück in „ihre Welt", weil sie von dem Essen des „Zauberlands" gegessen haben, ganz so wie Izanami in der Unterwelt. In Naruto und One Piece haben Charaktere Fähigkeiten, die nach den Throninsignien benannt werden. In Inuyasha gibt es ein besonderes Juwel, das mächtig ist und von einer mächtigen Priesterin bewahrt wird, ähnlich der Thron-Insignie. In Dragon Ball gibt es ebenso eine sogenannte Himmelssäule, die die Erde mit dem Himmel verbindet, wie diese, die Izanagi und Izanami errichtet hatten.

Detektiv Conan verwandelt einige mystische Geschichten und Erzählungen aus Japan in Mordfälle um. Es gibt also sehr viele Verknüpfungspunkte mit der japanischen Mythologie und dem heutigen Unterhaltungsmedium Anime und Manga.

Beliebte Figuren, wie zum Beispiel Momotaro, werden immer gern in Mangas für Kinder eingebaut, meist als kleine Slapstick-Einlage. Über die Geschichte von Kaguya-hime gibt es sogar einen Anime-Film. Es gibt auch einige Mangas, die westliche Mythen auffassen und der japanischen Bevölkerung näherbringen.

**Dramen**

Viele Japaner schauen auch unglaublich gern japanische Dramen. Japanische Dramen gibt es ebenso wie Animes und Mangas in vielen Variationen. Besonders beliebt sind in Japan neben den romantischen Liebeskomödien die historischen Dramen. Es wird durchaus immer was verändert oder eine neue Verknüpfung zur Realität gefunden, aber im Großen und Ganzen werden gern Sagen und Mythen nacherzählt. Ein gutes Beispiel für die Umsetzung sind die Horrorfilme Kuchisake-onna und Kuchisake-onna 2 aus den Jahren 2007 und 2008, in denen die Geschichte von Kuchisake-onna in die heutige Zeit übertragen wird. Dies führt auch hier dazu, dass es generell im japanischen Fernsehen sehr viel mystischen Content gibt.

## Musik

Auch in der Musik finden sich, natürlich nicht mehr so häufig wie früher, aber genauso üblich wie auch in anderen Kulturkreisen, Lieder über Sagen, Legenden und Geschichten.

# ERZIEHUNG

Was haben Sagen und Mythen mit der Erziehung zu tun? Nun, wie bereits erwähnt, ist durch die Einbindung in Unterhaltungsmedien ein gewisser Wissensschatz bei Kindern und jungen Erwachsenen in Bezug auf Mythen vorhanden. Es bleibt jedoch nicht aus, zu erwähnen, dass darüber hinaus viele dieser Erzählungen, Geschichten und Mythen auch dazu da sind, um etwas zu lehren oder durch Angst zu „verbieten".

Ein gutes Beispiel ist hierfür die Geschichte von Yuki-onna. Wie bereits erwähnt, soll diese Geschichte jeden warnen, im Schneegestöber rauszugehen, und wenn er denn unbedingt raus muss, sich nicht auf Abwege zu begeben. Eine weitere bekannte Erzählung ist die des Akaname. Akaname, zu Deutsch „Drecklecker", treibt sein Unwesen in dreckigen Badezimmern und öffentlichen Bädern. Er wird als so groß wie ein Kind beschrieben, mit fettiger Haut und fettigen Haaren. Sein Name kommt von dem, was er tut. Richtig gelesen! Mit seiner klebrigen, langen Zunge leckt er in den dreckigen Bädern den ganzen Dreck auf und ist für Menschen dadurch giftig und macht sie krank. Diese Geschichte lehrt die japanischen Kinder, ihre Badezimmer sauber zu halten, damit der Dämon gar nicht erst auftaucht.

# Das Ende der kleinen Reise

Ich würde zum Schluss nur ungern von einem "Ergebnis" sprechen. Eher würde ich mir wünschen, dass Sie zu einer Erkenntnis gekommen sind. Weltbilder gibt es in allen Facetten und Variationen. Die japanische ist für uns eine extrem gegensätzliche Anschauung, die aber dennoch sehr spannend ist und bei der es sich lohnt, wenigstens etwas von Amaterasu, Susanoo und all den anderen Sagen und Mythen gehört zu haben.

Ich hoffe, nachdem Sie nun einen kleinen Einblick in die Mythen- und Sagenwelt Japans erhaschen kon-

nten, dass Sie das eine oder andere mitnehmen konnten. Möglicherweise ist der eine oder andere so begeistert von diesem Einblick, dass er sich das nächste Buch
über japanische Mythologie schnappt und liest. Wenn
dem so sein sollte, würde ich mich besonders freuen,
denn mir hat es sehr viel Spaß gemacht, Ihnen etwas
über das japanische Weltbild und die Mythologie erzählen zu dürfen.

Vielleicht können Sie auch den einen oder anderen
Japaner mit Ihrem Wissen beeindrucken, denn Japaner
rechnen nicht so sehr damit, dass "Ausländer" und
Nicht-Japaner ihre Sprache beherrschen oder wirklich
etwas über ihre Kultur wissen.

Herstellung und Verlag:

BoD – Books on Demand, Norderstedt

ISBN: 9783755724520

1. Auflage

Kontakt: Psiana eCom UG/ Berumer Str. 44/ 26844 Jemgum

Covergestaltung: Fenna Larsson

Coverfoto: depositphotos.com